서정시학 서정시 158

와인을 따르듯 말하다

동시영 사행시집

서정시학

동시영

동국대학교 국어국문학과 졸업. 한양대학교 국어국문학과 박사 졸업(문학 박사).
독일 레겐스부르크대학교 인문학부 수학. 한국관광대학교, 중국 길림 재경대학교 교수 역임.
2003년 『다층』으로 등단.
시집 『펜 아래 흐르는 강물』, 『마법의 문자』, 『수평선은 물에 젖지 않는다』 등.
연구서 『한국 문학과 기호학』, 『현대 시의 기호학』 등. 기행 산문 『여행에서 문화를 만나다』, 『문학에서 여행을 만나다』.
문협월탄문학상, 동국문학상, 문학청춘작품상 등 수상
문화예술위원회 창작 지원금 수혜.

서정시학 서정시 158
와인을 따르듯 말하다

2025년 10월 20일 초판 1쇄 발행

지 은 이 · 동시영
펴 낸 이 · 최단아
편집교정 · 정우진
펴 낸 곳 · 도서출판 서정시학
인 쇄 소 · ㈜ 상지사
주 소 · 서울시 서초구 서초중앙로 18, 504호 (서초쌍용플래티넘)
전 화 · 02-928-7016
팩 스 · 02-922-7017
이 메 일 · lyricpoetics@gmail.com
출판등록 · 209-91-66271

ISBN 979-11-92580-63-0 03810

계좌번호: 국민 070101-04-072847 최단아(서정시학)
값 14,000원

* 잘못된 책은 바꾸어 드립니다.

입술을 열고 와인을 따르듯 말하네

태양을 켜고 바라보고 싶은 건 오직 너뿐

너의 고삐를 놓아라

봄날, 꽃나무도 꽃을 놓지 않느냐
—「와인을 따르듯 말하다」

시인의 말

'맨손의 기적' 오늘을 타고 간다

보이지 않는 생각을 먹고 산다

목숨을 따라오는 말들이 있다

말은 목소리에만 실려다니지 않는다

날개보다 가벼운 날개, 시

거기, 삶이 손뼉쳐 주고 있다

2025 여름날

차례

시인의 말 | 5

1부 생각 맛보기

낙서 | 15
깃발 | 16
와인을 따르듯 말하다 | 17
땅굴 | 18
오래된 옷 | 19
아가 | 20
송사리 떼 | 21
잘 아는 잠 하나 | 22
씨 | 23
허공무虛空舞 | 24
새로운 길 | 25
우주아파트 | 26
거울 | 27
라면 끓이기 | 28
초병 | 29
생각을 맛보다 | 30
산 | 31

열매 | 32
기억과 인연 | 33
슬픔을 반죽하다 | 34

2부 정 많은 머릿카락

터널 | 37
새와 사람이 있는 길 | 38
초승달 | 39
포개기 | 40
그물 | 41
고리 | 42
인형놀이 | 43
소용돌이 | 44
산중, 거울 | 45
방아깨비 | 46
양파 | 47
말 | 48

정 많은 머리카락 | 49
비 | 50
바람 문답 | 51
새와 사람 | 52
머리를 빗다가 | 53
에게 | 54
다리 | 55
봄밤 | 56

3부 수피춤 추는 지구

아카시아 | 59
물들다 | 60
야생 | 61
동안거 | 62
상처의 사랑 | 63
보물찾기 | 64
건천乾川 | 65

꽃은 | 66
가을날 | 67
푸념을 푸성귀처럼 키우다 | 68
기억의 휘파람 | 69
사진을 찍다 | 70
수피춤 추는 지구 | 71
그림자 놀이 | 72
뾰족한 너에게 | 73
사람과 바람 | 74
연인 | 75
이명증 | 73
마술 | 77
눈 오는 날 | 78
해설 | 사행시의 비미학inesthhtique과 생명 거울 | 권성훈 | 79

와인을 따르듯 말하다

1부

낙서

해와 달 별이

빛으로 낙서한다

빛이 잉크다

나는 빛의 낙서 위에 낙서한다 시를 쓴다

깃발

가지에 잎 하나 걸어 두었다

하나의 나부낌만 걸어 놓았다

하나로 더 잘 말하는,

바람의 입술

와인을 따르듯 말하다

입술을 열고 와인을 따르듯 말하네

태양을 켜고 바라보고 싶은 건 오직 너뿐

너의 고삐를 놓아라

봄날, 꽃나무도 꽃을 놓지 않느냐

땅굴

나무들은 날마다 땅굴을 판다

비밀 통로로 다니고

지하 탐색을 한다

가지나 잎으로는

가볍게, 휘파람만 분다

오래된 옷

오래된 옷에

구멍이 났다

시간이 공간을

뚫고 갔다

아가

햇살처럼 웃고

천둥처럼 울고

하늘처럼 땅처럼 말하지 않는다

자연에서 온 지 얼마 안 되어 그런가 보다

송사리 떼

외로움의 표의 문자

떠다닌다

몰려다녀 본다

구름도 따라한다

잘 아는 잠 하나

조는 남자가 꾸뻑꾸뻑 인사한다

아는 잠 하나 오고 있나 보다

건너 편 사람들이 웃고 있다

웃음이 놀러 왔나 보다

씨

마침표

삶의 한 바퀴를 마쳤다

몰입의 눈동자

또 한 번의 생을 내다보고 있다

허공무虛空舞

겨울 나무가 빈 손처럼 편하다

불안을 놓아버렸다

잎도 꽃도 열매도 잡고 있지 않다

빈 손의 자유가 허공무虛空舞를 춘다

새로운 길

또 생겼다 새로운 길

사람들은

'어디서 왔는지, 어디로 가는지 몰라'

자꾸 길은 내 보는 거다

우주아파트

우주 속, 달은 1층 지구는 2층

한밤중 달그락거리는 내 발자국

층간 소음 걱정되어 살살 걷는다

달이 쌩끗 웃어 준다

거울

오래 못 보던 거울이 나타났다

아는 척하자, 모르는 척했다

탈의실도, 부끄럼도 없이,

내가, 시간을 너무 많이 갈아입었나 보다

라면 끓이기

텐트 밖, 라면을 끓인다

뚜껑을 닫는다

하늘과 땅, 두 개의 뚜껑이 구경하고 있다

자기들보다 더 좋은 뚜껑은 없다는 듯

초병

철조망 옆, 초병이 나무처럼 보초를 서고 있다

나무들은 초병처럼 보초를 서고 있다

바람 우박 흰눈이 와도

나무는 세상 지키는 오래된 초병

생각을 맛보다

생각은 태양이고 늪이다

가끔은 빛나고 가끔은 빠진다

꿀을 맛보듯 새 생각을 맛본다

꿀보다 달콤한 생각도 있다

산

산봉우리들이 물결치고 있다

그 옛날 바다였던 산

그 때,

그 물결 출렁이는 거다

열매

열매, 간절함의 집

저, 매달림

사람도 그렇다

열매처럼 지구에 매달려 있다

기억과 인연

어떤 기억은 자주 만나지는 사람처럼 자주 생각난다

자주 꿈꾸어지는 누구처럼

어떤 기억은 잊힐 듯 아주 가끔 나타난다

기억에도 크고 작은 인연이 있다

슬픔을 반죽하다

국수처럼 길게 울까

빵처럼 빵끗 웃을까

갈등했다,

그냥, 우울 한 접시만 먹었다

2부

터널

터널을 지나간다

터널 같은 사람 속으로 생각들이 지나간다

의식의 터널 속으로 무의식이 지나간다

현재라는 터널 속으로 과거와 미래가 지나간다

새와 사람이 있는 길

새가 날아가면서 길을 날려보낸다

사람들도 걸어가면서 길을 버린다

길을 버려야,

길을 갈 수 있다

초승달

너무 바빠 눈썹만 그리고 나온 초승달

눈썹만은 그리지 않고 외출하는 나

그리는 것은 강조하는 것

화가들도 그리고 싶은 것을 그린다 밑줄 긋는다

포개기

포개면 새것이 나온다

생각이 옛날과 지금을 포개 놓으면 추억이 나오고

비행기가 서울과 로마를 포개 놓으면 여행이 나오고

에로스가 여자와 남자를 포개 놓으면 사랑이 나온다

그물

생은 지금으로 여는 무수한 닫힘

비늘 찬란한 물고기의 지나감

낚시로 무얼 낚으려느냐, 무얼 그물질하려는가

우리도 목숨 그물 그 안의 파닥임

고리

샐러드를 씹다가 길을 씹었다

식물에겐 섬유질이 길이다

지하철을 타다가 거꾸로 탔다

알 수 없는 고리를 통과했나 보다

인형놀이

자카르타에 핀 자카란타, 여신의 양산 같다

그 앞, 인형놀이 극장 , 구경이 활짝 폈다

누구의 끈에 매달려 인형처럼 사는지도 모르는 사람들이

신처럼 인형을 끈에 매어 놀려 주고 있다

소용돌이

노래하고 오던 물이 갑자기 소용돌이친다

어렵게 빠져나온 물들이 도망치고 있다

사람도

휩쓸리고 휩싸일 때가 있다

산중, 거울

첩첩산중

이것이 거울이다

보이지 않던 나도 조금씩 보인다

겨울나무가 꽃을 부르는 목소리도 들린다

방아깨비

너는 누구의 푸른 방아냐?

방아깨비가 허공 방아를 찧는다

사람들마다 한평생 키우고 거두는 허무 곡식을 ,

찧어 주고 있나 보다

양파

양파를 볶는다

볶인 양파는 톡 쏘지도,

맵지도 않다

세상에 잘 볶인 사람들처럼

말

말도 쓰면 남의 것

아껴 써야 한다

돈처럼

아니, 돈보다 더

정 많은 머리카락

머리카락 하나가

등을 긁고 있다

작별 인사다

정 많은 머리카락도 있다

비

비가 나타났다 바람도 사람도 꽃도 없는 척하다 나타나서 그렇다

우산을 쓰니 집이 걸어간다

비 그쳐 노을진다 하루가 단풍 든다

단풍은 가을에만 드는 것은 아니다

바람 문답

불려다니는 바람아 누가 불러왔느냐 너는

나도 불려다닌다 날마다 너처럼

어디로 내리는지 모르고 눈이 내리고

어디로 태어나는지 모르고 사람이 태어난다

새와 사람

작은 새가 큰 허공을 안아 주자

사람이 너무 큰 허무를 안아 준다

두 마리 새가 허공을 날아가며 입맞춤하자

연인들이 시간 허공 흐르며 입맞춤한다

머리를 빗다가

가슴까지 내려 빗었다

아니, 마음까지 깊이 내려 빗었다

어떻게 알았나? 빗이

이리저리 얼기설기 엉긴 내 마음

에게

몰입은 몰약, 그것으로 향락하라

목 놓아 울지 말고 목 놓아 쓰라

목 놓아 쓸 때 시가 목 놓아 노래한다

삶을 찍어 시를 쓰라

다리

오백 년 전,

여우가 동굴에 떨어졌다

뼈만 남은 여우는 석회암이 되고 있다

여우에서 바위로 건너가고 있다

봄밤

빛은 은하수로 흘러들고,

살구꽃만 바라보던 보름달,

사랑에 물들었나

분홍빛 볼

3부

아카시아

숲 가운데 아카시아 나무가 혼자 흔들리고 있다

그리로 바람이 많이 지나가나 보다

사람도 혼자서만

바람의 길이 될 때가 있다

물들다

세상이 달빛에 물들고
물이 꽃에 물드는 꽃차의 시간

나는 너에 물들고
너의 그림자는 나의 그림자에 물든다

야생

목숨은 야생

야생 장미처럼

목숨의 향기를 풀어 놓으라

감사와 기도로만 바라볼 수 있는 시간 숨꽃 사람

동안거

절집 겨울나무들이 머리를 삭발했다

동안거에 들어갔다

스님들도 나무들처럼 동안거 중이다

나무들의 오래 된 풍습을 스님들이 따라하고 있다

상처의 사랑

암놈들은 상처로 새끼를 품어 키운다
땅이 움푹 파인 상처로 씨를 키우듯
어머니 사랑은 상처의 사랑
아파도 아파하지 않는다

보물찾기

어릴 적 소풍, 보물찾기

나는 보물을 잘 찾지 못했다

어떻게 찾았을까?

이 진귀한 보물 목숨

건천乾川

허공에서 지상까지 거대 건천

물이 흐른다 비가 온다

모든 것이 수초처럼 일렁인다

없는 척에서 있는 척까지 흐른다

꽃은

웃기만 하다가
웃음이 쌓이면
날아가 버린다
마음이 날개처럼 가벼워졌기 때문이다

가을날

곡식 열매들이 농부의 땀방울을 닮았다

옆집 강아지가 생각하는 얼굴로 앉아 있다

생각에 잠긴 강아지는

사람으로 깊이 들어가고 있다

푸념을 푸성귀처럼 키우다

웃음에서 울음까지를 다 가지고 다니는 나

푸념을 푸성귀처럼 키우는 날이 있다

소금 뿌린 야채처럼 작아지는 때가 있다

용서를 키우는 텃밭이 되고 싶다

기억의 휘파람

쓴다 지운다 그것으로 '생각이'를 꺼낸다

기억의 휘파람. 그걸 들고 일어선다

지나감에 얹힌 맨 몸의 유희 속,

'감동'의 눈물로 목욕하고 싶다

사진을 찍다

웃으라고 했다

웃지 못해, 울상이 되었다

태양, 달, 별, 호수,가

'찍어 줄 때'도 그랬다

수피춤 추는 지구

수피춤 추듯 돌고 도는 지구 속

나비춤에 무지개 걸린 보리밭

밭 가, 모란이 비단 위에 꽃 놓는다

꽃 피는 일 말고는 할 일 없는 봄날

그림자 놀이

그림자와 사람들이 모여 놀고 있다

사람은 숨어 있고 그림자가 나와 논다

사람들이 그림자 놀이를 좋아하는 건

그들도 그림자라는 걸 알기 때문이다

뾰족한 너에게

너무 뾰족하지 말자

우린

둥글둥글

지구에 사니까

사람과 바람

바람은 무얼 잃어버렸나?

갸웃거리고 뒤적이고… 언제나 찾고 있다

사람도 바람

찾고 찾다가, 바람처럼 사라져 버린다

연인

햇살 줄기로 장미가 피어난다

커피 한 잔으로 연인들이 피어난다

눈짓이 핑크다 너를 바라보면 나도 네가 된다

꿈의 문으로 들어가고 있다

이명증

귀가 말한다

일평생 듣기만하던

귀도

할 말이 생겼나 보다

마술

변화를 크게 만지는 손이 피고 지는 봄날

사람들이 마술을 본다

생노병사, 큰 마술에 걸린 사람들이

아주 작은 마술에 빠져들고 있다

눈 오는 날

새가 노래한다
새의 노래가 허공에 소복소복 쌓인다

눈이 내린다
하늘의 춤이 땅에 소복소복 쌓인다

해설

사행시의 비미학inesthhtique과 생명 거울

권성훈(문학평론가, 경기대 교수)

목 놓아 울지 말고 목 놓아 쓰라
―「에게」 부분

1.

사행시의 근간은 형식의 절제미에 있다. 사행시는 절제된 감정을 4행 간에 축약하여 근원적인 존재의 물음을 압축적으로 던진다. 그것은 현실을 넘어서는 실존, 본질, 실체 등의 형이상학적 세계로 나가는 것. 이런 사행시는 가속화된 물질문명 시대를 부정하기보다는 긍정하며 현실의 메커니즘에 맞춰서 시로 소통하기 위한 장르문학으로서의 출발을 알린다. 누구나 어디서나 종

이책이 아니더라도 스마트폰으로 순간적으로 사행시를 읽고 교감할 수 있다. 그것도 4행 밖에 안 되는 시를 통해 '짧은 시간 긴 울림'을 가질 수 있다는 점에서 시가 가지는 새로운 가능성과 효용성을 획득한다. 물론 좋은 시가 줄 수 있는 '감동'과 '감탄'을 취득할 수 있다는 것을, 전제로 할 때 가능해지는 것.

사행시의 미학은 형식적 자리를 통해서 메시지를 전달한다는 점에서 "몰입은 몰약, 그것으로 향락하라"는 정신적 감각이 중요하다. 그것은 노래와 시가 다르다는 것을 깨닫게 하는 지점으로 노래는 '목'에서 나오지만 시는 '침묵'에서 나오기 때문이다. 침묵은 언어를 뛰어넘는 고도의 의식 작용으로서 수많은 언어가 필요 없이 "하나로 더 잘 말하는,/바람의 입술"(『깃발』)과도 같다. 바람의 입술은 만질 수도 볼 수도 없지만 수많은 언어적 파장을 허공에 먹고 있다. 이 침묵의 장소에서 모든 언어는 시인 자신 속에 무의식적으로 전달되며, 가장 순수한 의미 전달의 매체로서 구축된다. 보이지 않는 시인 내면의 고요 속에는 '무게를 잊은 몸'과 같이 떠오르며 "가볍게, 휘파람"(『땅굴』)을 불듯이 존재의 무게를 내려놓는다. 여기서 '존재의 무게'는 '언어의 무게'로 전환되는 것으로 존재와 호환되는 언어를 확보하게 되는 것이다. 이때 시는 행간에서 "너의 고삐를 놓아라"(『와인을 따르듯 말하다」)라고 명명한다. 스스로가 잡고 있는 실체 없는 욕망의 도그마에 빠져나오기를 강조한다.

이번 동시영 시인의 사행시 『와인을 따르듯 말하다』는 존재가 가진 무게를 언어로 풀어놓는 가벼움에서 비롯된다. 그녀가 가진 언어의 가벼움은 말하기의 유혹을 벗어나 '여백의 절제미'를 말하는 것으로 스스로가 매여 있지 않은 몸을 드러내는 능력이다. 그것은 그냥 오는 것이 아니라 오랜 경험 속에서 입은 세월의 옷을 통과하면서 나온 언어로 "시간이 공간을/뚫고"있는 것처럼. 그 빠져나감 속에는 존재의 여백과 사라짐 사이에서 '영원의 무게'를 보여주고자 한다. 영원의 무게는 변하지 않는 근원적인 존재를 초월해서 미적으로 나타내는데 그녀의 미는 미학적이 아니라 비미학적으로 출현시키는데 있다. 미학은 실제를 순간적으로 드러내는 것이지만 비미학은 현상적으로 실제하지 않는 영원의 본질을 형상화한다. 거기서 섣불리 "햇살처럼 웃고/천둥처럼 울고/하늘처럼 땅처럼 말하지 않는다"(「아가」) 다만 「송사리 떼」같이 고독한 세계에서 "외로움의 표의 문자"를 향해 '구름처럼 떠다닌다'라고 언표하고 있다.

그녀의 시편은 구름처럼 스스로의 무게를 잊은 거룩한 몸과 같이 순수하고 가벼운 매체로서 존재하는 허공에 자신을 위탁하여 추는 「허공무虛空舞」처럼. "불안을 놓아버렸다/잎도 꽃도 열매도 잡고 있지 않다/빈 손의 자유가" "몰입의 눈동자"(「씨」)를 통해 "또 한 번의 생을 내다보고"자 한다. 이는 번득이는 시선으로 영원을 마주하게 하는데 "영원은 '그대로 있음'이나 지속에 있는 것이 아니다. 영원은 바로 사라짐을 간직하는 것이다. '번득이는' 시선이 어떤 스러짐을 사로잡을 때, 그것은 모든 실제적인 기억을 넘어서서 그 스러짐을 순수하게 간질 할 수 있을 뿐이다."[1]

이는 근원적으로 끝없이 이어지는 영원성을 포착하기 위해 비미학적으로 쓰인다. 현상적으로 사라지지 않는 것은 간직할 수 있지만, 이 간직함은 세월에 변할 수 있는, 가능성에 노출되어 있으므로 '사라지는 것'을 '사로잡음'으로 근원에 도달할 수 있다. 비미학은 이처럼 근원적인 영원을 고요와 침묵 속에서 언표하는 데 쓰인다.

2.

동시영은 사라지는 것을, '드러남의 실체'와 '사라짐의 현존' 사이에서 실존의 형상들을 영원 속에 사로잡으려고 한다. 그것은 더 근본적으로 아름다움이나 추

---

1 알랭 바디우, 『비미학』, 장태순 역, 이학사, 2010, 129쪽.

함과 같은 감성적인 미학을 추구하지 않는다는 점에서 '비미학'을 드러낸다. 그녀의 비미학은 순수한 의미에서 미적인 것을 드러내는 것이 아니라 근원적인 것의 출현으로서 대변할 수 있다. 근원적인 것의 출현은 간직함에 있는 것이며 영원을 지향하고 있다는 점에서 '사행의 비미학'이 된다. 요컨대 그녀의 사행의 비미학은 상징화를 통해 4행을 통과하는데 사유가 가진 벗어남의 차원에서 일어난다. "터널 같은 사람 속으로 생각들이 지나"(「터널」) 가듯이 "의식의 터널 속으로 무의식이 지나"듯이. 그렇게 "현재라는 터널 속으로 과거와 미래가 지나간다"는 그것이 형성되는 일반적인 인식으로부터 벗어나 있다.

> 어떤 기억은 자주 만나지는 사람처럼 자주 생각난다
>
> 자주 꿈꾸어지는 누구처럼
>
> 어떤 기억은 잊힐 듯 아주 가끔 나타난다
>
> 기억에도 크고 작은 인연이 있다
> ―「기억과 인연」 전문

 존재는 만남이라는 모습 안에 있을 때 실존하며 자

신을 타자에게 드러낼 때 서로가 된다. 서로가 되지 않은 한 타자의 출현은 관계 속에 있지 않은 존재, 아무것에도 관계하지 않으며, 아무것도 관계 속에 끌어들이지 않는 타인일 뿐이다. 존재로서의 만남은 드러남의 실체로서 기억되지만, 타인으로서의 만남은 스쳐 지나가는 일상에 불과하다. 만약 이런 만남이 사라짐의 간직함이라는 현존으로 실존한다면 그것은 인연의 형상으로 영원 속에 사로잡혀 있는 것이다.

여기서 '기억'은 '인연'이라는 마주침에 의한 것으로 사라짐을 유예하는 데 있다. 이러한 기억은 사라졌지만 품고 있는 인연으로서 닳아 없어지는 것이 아니다. 지우고 싶어도 지울 수 없는 것은, 이미 인연이 완성된 후 사라졌기 때문에 가능하다. 인연은 만남이 사라지는 것을 '사로잡음'으로서 "어떤 기억은 자주 만나지는 사람처럼 자주 생각"이 나며 심지어는 "자주 꿈꾸어지는 누구처럼/어떤 기억은 잊힐 듯 아주 가끔 나타"나는 것같이 영원히 기억되는 비미학으로 현출된다.

>
> 세상이 달빛에 물들고
> 물이 꽃에 물드는 꽃차의 시간
>
> 나는 너에 물들고
> 너의 그림자는 나의 그림자에 물든다
> ―「물들다」 전문

빛은 은하수로 흘러들고,

살구꽃만 바라보던 보름달,

사랑에 물들었나

분홍빛 볼
―「봄밤」 전문

 위 두 편 시는 공통적으로 '빛'을 모티브로 하고 있지만 형식적으로 다른 사행시의 패턴을 가지고 있다. 어둠과 양면성으로 존재하는 빛은 어둠의 사라짐으로 세계에 새겨진다는 점에서 비미학을 통해 미학을 드러내는 물질이다. 빛과 어둠은 이분법적인 것이 아니라 양가적으로 공존하며 서로를 드러낸다. 거기에 영원히 어둠이 사라질 수 없듯이 빛도 사라질 수 없다는 점에서 서로 낮과 밤에 종속되어 있다.
 2연 4행으로 된「물들다」에서 1연 "세상이 달빛에 물들고" 있는 것은, 바로 사라진 낮을 품고 있는 것으로 물 위에 뜬 달빛을 통해 상징화된다. 또한 "물이 꽃에 물드는 꽃차의 시간" 속으로 나아갈 수 있는 것은 '달'을 '꽃'으로 상징화하여 사로잡기 위함이다. '꽃차의 시간'은 지워지는 것이 아니라, 물들고 있는 순간을 기억하기 위한 비미학적 발상이 된다. 이런 빛의 정체는 2연에서 "나는 너에 물들고/너의 그림자는 나의 그림자에 물든다"라는 서로에게 서로가 새겨져 지워지지 않는, 존재의 미학을 비미학적으로 헌출한다.

　이러한 존재에 대한 비미학적 서정성은 4행으로 된 「봄밤」에서 1행 "빛은 은하수로 흘러들고"와 2행 "살구꽃만 바라보던 보름달"로 대칭을 이루면서 3행 봄밤에 '사랑에 물들었나'라는 언술로 축소되면서 마지막 행에서는 '분홍빛 볼'이라는 상징화로 축약되어 형상화한다. 이는 두 편의 사행시가 각기 다른 시행을 가진 형식미를 가지고 있지만 1행과 2행은 자연물을 소재로 하고, 3행과 4행은 화자의 정서를 담아내고 있다. 이는 자연을 통해 인간을 발견하고자 하는 그녀의 시적 의도를 발견할 수 있다.

　　첩첩산중

　　이것이 거울이다

　　보이지 않던 나도 조금씩 보인다

　　겨울나무가 꽃을 부르는 목소리도 들린다
　　　　　　　　　　　　　　―「산중, 거울」 전문

위 「산중, 거울」의 경우 「봄밤」과 반대로 시행이 4행간에서 점차로 확산되어 나타나고 있다는 것이 특징이다. 이때 시행의 확산은 각각의 문장이 제각기 다른 의미로 구성되고 있으며 시적 대상과 주체 또한 유기적으로 존재하지 않는다. 다만 부분을 통해 전체를 이해할 수 있는 것이 아니라 전체를 통해 주제를 강화시키고 있는데 이는 "첩첩산중/이것이 거울"이라는 세계를 들여다보기 위해 추상화시키고 있다. 종국에는 겨울산을 '거울' 삼아 비춰봤을 때 자아를 발견할 수 있다는 것으로 "겨울나무가 꽃을 부르는 목소리도" 거기서 찾을 수 있게 된다. 이 또한 겨울산의 드러남의 실체를 통과하면서 보이지 않았던 '자성의 목소리'를 사라짐의 현존 사이에서 밝혀내고 있다. 그 중심에 갱신되는 것은, 세계를 통해 주체를 성찰하고 무엇보다 '영원에의 비미학' 의식을 확산시키는 데 발휘된다.

3.

동시영의 사행시에서 가벼움의 은유로서 존재가 가진 무게를 보여주는데 그녀의 진정한 사유는 어떤 존재에게 달려 있다는 생명에 관한 출현이다. 이 같은 생명은 영원의 길과 이어져 있으며 가벼워진 삶의 길일수록 영원의 길을 비미학적으로 드러낼 수 있다. 그것은 「새와 사람이 있는 길」에서 "새가 날아가면서 길을 날려" 보내는 것처럼. "사람들도 걸어가면서 길을" 버리는 것처럼 종국에는 "길을 버려야,/길을 갈 수 있다"라는 이치다.

그녀에게 길이라는 것은 바로 일어남과 일어나지 않음 사이에서 결정해야 할 선택이며 그러한 길이 가리키는 것은 사건으로서의 사유이다. 사건으로서 사유가 일어남은 일어나지 않았던 것들이 "포개면 새것이 나온다"(「포개기」) "생각이 옛날과 지금을 포개 놓으면 추억이 나오고/비행기가 서울과 로마를 포개 놓으면 여행이 나오고/에로스가 여자와 남자를 포개 놓으면 사랑이 나"오는 것처럼. '추억'과 '여행'과 '사랑'이라는 이름은 주체가 대상과 완전하게 포개 짐으로서 주체와 대상은 사라지고 거기에 새로운 사유가 발생한다. 물론 포개진다는 것은, 자신을 사라지게 하고 대상에게 스며드는 것으로, 서로가 되는 데 선행적으로 자신의 무게를 내려 놓아야 한다.

절집 겨울나무들이 머리를 삭발했다

동안거에 들어갔다

스님들도 나무들처럼 동안거 중이다

나무들의 오래 된 풍습을 스님들이 따라하고 있다
―「동안거」전문

  불가 스님들이 겨울에 수도하는 동안거는 주어진 시간 동안 일정한 장소에서 머물며 도를 닦는 행위를 말한다. 동안거 기간에는 최소한의 음식물만 허용되고 아무것도 지닐 수 없다는 점에서 자신이 가진 모든 것을 내려놓는다. 이것은 겨울을 보내기 위해 존재의 무게를 내려놓는 '겨울나무'와 같이. 활엽수가 가을에 낙엽을 떨어트리는 것은, 겨울을 견디기 위함이다. 이때 낙엽은 사라지는 것이 아니라 같은 옷을 다르게 입기 위해 잠시 자리를 비켜주는 것일 뿐. 그것은 스님이 수행을 위해 동안거에 들어가는 것같이 '존재적 나이테'를 발견하게 만든다. 사실 이런 수행의 나이테는 생명을 보존하기 위해 동면에 들어가는 원리로서 깨달음의 시작 또한 "머리를 삭발"하고 가벼워진 상태에서 이루어지는 것이다. 거기에 "스님들도 나무들처럼 동안거 중이다"라는 시적 발상으로 "나무들의 오래 된 풍습을 스님들이 따라하고 있다"는 상상력은 그녀만이 가진 영원성을 비추는 행간의 거울이다.

  그것은 4행이라는 절제미와 압축미로 사유를 밝히는 사행시의 원리이기도 하다. 거기서 시인이 언어의 그물로 포획하고자 하는 미학을 사라짐과 가벼움의 비미학을 통해 드러내는 것으로 언제나 "생은 지금으로 여는 무수한 닫힘"(「그물」)에 있는 것이며 "우리도 목숨그물 그 안의 파닥임" 속에서 살고 있다. 동안거가 겨울의 문을 닫고 봄의 문을 기다리듯이 자신을 완전히 내려놓아야 하는 것으로, 볶인 「양파」처럼 "톡 쏘지도, 맵지도" 않는 상태로 "세상에 잘 볶인 사람들처럼" 그 안에서 존재를 보장받을 수 있게 된다. 이는 자신의 고유성을 내려놓고 주체를 사유하는 또 다른 방법이 되는 것으로 겨울이 지나 봄이 오듯이 때가 되면 "비가 나타났다 바람도 사람도 꽃도 없는 척하다 나타나서 그렇다"(「비」)처럼 감춰진 미학을 드러낼 수 있다.

    웃기만 하다가
    웃음이 쌓이면
    날아가 버린다
    마음이 날개처럼 가벼워졌기 때문이다
                                ―「꽃은」 전문

기쁜 마음을 표현하는 웃음만큼 가볍고 즐거운 것은 없다. 자신 내부에서 오는 웃음은 사실 외부와의 관계 속에서 찾아온다. 아무것도 관계하지 않으며 관계 속에 끌어들이지 않는 웃음은 없다는 점에서 웃음은 외부와의 사건으로부터 발생된다. 사실 웃음은 순간적으로 감정이 격양된 상태이므로「꽃은」"웃기만 하다가/ 웃음이 쌓이면/날아가 버린다" 꽃과 웃음의 비유는 꽃을 통해 웃음의 표지를 드러내는 것이다. 웃음이 매달고 있는 무게를 꽃으로 현현함으로써 절대적인 기쁨이 없다는 것을 "날아가 버린다"라고 말하고 있다. 게다가 "마음이 날개처럼 가벼워"지는 것은 자신의 감정을 웃음을 통해 쏟아냈기 때문에 가능한 것으로, 순간적으로 있다가 사라지는 미학을 비미학을 통해 구현하고 있다. 그녀가 발견하는 가벼움은 "진귀한 보물 목숨"(「보물찾기」) 처럼 생명을 사로잡고 있는 실존의 무게를 발견하기도 한다.

4.

　이같이 그녀가 보여주는 실존의 무게는 보이는 것과 보여짐의 경계에 있는 '가벼운 사유'와 사라짐 안에 있는 '영원의 사유'로 "이리저리 얼기설기 엉긴 내 마음"(「머리를 빗다가」)을 사행시의 영토에서 구획하고 있다. 이는 사행시라는 형식을 통해 고정되지 않은 영원의 사유를 생명의 본성으로 간주하면서 세계라는 「야생」에서 "목숨은 야생/야생 장미처럼" 가시로 돋아난 목숨의 향기를 풀어 놓으라"고 언표한다. 이러한 명명은 "감사와 기도로만 바라볼 수 있는 시간 숨꽃 사람"이 가진 언어로서 명명하기 전 침묵의 결과이며 생명의 본성에 대한 원인이 된다.

그녀의 침묵을 대신하여 형상화되는 사행시는 장미꽃이 스스로의 가시에 찔려 자신을 보호하는 것 같이, 아픔이 없이는 생명을 거느릴 수 없다. 마찬가지로 "땅이 움푹 파인 상처로 씨를 키우듯"(「상처의 사랑」) 시를 쓰기 위해 여백에 언어라는 상처를 내듯이 형상을 통해 생명을 허용하며, 그녀의 시는 고요 속에서 "모든 것이 수초처럼 일렁"(「건천乾川」)이는데 그것은 사라짐을 실제하기 위한 "없는 척에서 있는 척까지"의 존재의 마지막 상태가 마지막이 아니라 시어로서 현존하게 만든다.

쓴다 지운다 그것으로 '생각이'를 꺼낸다

기억의 휘파람. 그걸 들고 일어선다

지나감에 얹힌 맨 몸의 유희 속,

'감동'의 눈물로 목욕하고 싶다
—「기억의 휘파람」 전문

이 시는 동시영이 사행시를 어떻게 창작하는지를 4행 간에서 축약적으로 분배해서 보여준다. 기승전결의 형식을 가진 이 시는 첫 행에서 "쓴다 지운다 그것으로 '생각이'를 꺼낸다" 쓰는 것과 지우는 것 사이에는 경험을 사유화하는 과정으로 '생각'과 '생각'의 연속적인 '펼침 작용'이 된다. 둘째 행에서 "기억의 휘파람. 그걸 들고 일어선다" 비로소 사라진 것을, 시어로서 정지시킴으로써 여백에서 언어라는 영원성을 가지게 되는 '공정 과정'이다. 셋째 행에서 "지나감에 얹힌 맨 몸의 유희 속" 경험이 배출되는 카타르시스라는 국면을 맞이하게 됨으로써 '절정 상태'로 돌입한다. 마지막 행에서 "'감동'의 눈물로 목욕하고 싶다" 시가 외부로 방출이 되었을 때는 이미 자신의 의지와 관계없이 떠다니며 읽혀지며 사유되는데, '감동의 눈물'로서 적시고 싶다는 순수한 바램을 적고 있다.

이 같은 기승전결을 가진 4행시 형식은 「가을날」에서 "곡식 열매들이 농부의 땀방울을 닮았다/옆집 강아지가 생각하는 얼굴로 앉아 있다/생각에 잠긴 강아지는/사람으로 깊이 들어가고 있다"라고 순환과 재생의 원형성을 보여주기도 한다. 이를테면 생산과 소비라는 생태를 인문적으로 해석했을 때 모든 존재들은 차별되지 않고 서로의 몸을 주고 받는 존재라는 점이다. 그러므로 "너무 뾰족하지 말자/우린/둥글둥글/지구에 사니까(「뾰족한 너에게」)라는 지구적 생태성을 사행시로서 지각하게 만든다.

> 그림자와 사람들이 모여 놀고 있다
>
> 사람은 숨어 있고 그림자가 나와 논다
>
> 사람들이 그림자 놀이를 좋아하는 건
>
> 그들도 그림자라는 걸 알기 때문이다
> ―「그림자 놀이」 전문

형체가 없는 그림자는 음영으로서 실체가 없는 비존재자이다. 대상이라는 존재를 통해 비존재를 드러낸다는 점에서 비미학적인 원리로 작용한다. 또한 만질 수도 없으며 그 무게조차 측정할 수 없는 존재를 초월해서 "사람은 숨어 있고 그림자가 나와" 미학을 작동시키는 비미학적 사유가 된다. 그녀의 사행시는 '그림자'와 같이 비미학을 통해 미학을 출현시키면서 영원이라는 절대적인 시 의식을 견인하게 되는 것. 이런 "그림자와 사람들이 모여" 실제에 대응하지 않고도 현상적으로 실체하지 않는 그림자와 같이 영원의 본질을 사로잡는다.

  그녀의 시는 고독한 '그림자 놀이'와 같이, 스스로의 무게를 잊은 거룩한 몸과 같이, 가벼운 매체로서 존재, 번득이는 시선으로 사라짐을 간직하는 그림자가 된다. 모든 실제적인 기억을 넘어서 "일평생 듣기만하던/귀도/할 말이 생겼나(「이명증」) 귀로 말하고 눈으로 들으며 영원성에 다가서는 시작술이 동시영 사행시의 특징이다. 그러므로 현상학적으로 사라지지 않고 대상을 투사하고 존재를 현시하는 비존재를 통해 "목숨을 따라오는 말"(「시인의 말」) 속에서 그녀의 "날개보다 가벼운 날개, 시"가 출현한다. 여기서 '그림자의 가벼움'은 생명을 비추는 거울로서 4행 간의 형식미를 통해 간취하며 존재의 '사로잡음'과 함께 사라지지 않는, 가벼움조차 잊어버린 '영원의 여백'을 마주할 수 있다.